AF201064

So lebt

Dublin

Der perfekte Reiseführer für einen unvergesslichen Aufenthalt in Dublin inkl. Insider-Tipps, Tipps zum Geldsparen und Packliste

Katja Sonnenberg

✈ INHALT

Das erwartet Sie in diesem Buch

Die Planung des Sommer- oder Kurzurlaubs ist in Zeiten von Online-Booking und Reiseblogs eigentlich so einfach wie nie – und gerade diese Fülle an Vorschlägen und Ideen kann manchmal eher erschlagend als hilfreich sein. Außerdem bestehen ja auch immer gewisse Erwartungen an das Reiseziel: Strand, schöne Spaziergänge, landestypische und günstige Restaurants und Bars, Shopping, die gewisse Prise Abenteuer... Und dazu kommt noch die Sache mit dem nachhaltigen Reisen, bestenfalls mit einer Vermeidung des Flugzeugs.

Sollten Sie auch gerade überlegen, an welchem Ort Sie Ihr Fernweh stillen oder den Stress aus Beruf oder Studium einfach mal vergessen könnten, haben Sie den richtigen Reiseführer in den Händen.

Sie werden alles Wissenswerte über Baile Atha Cliath, wie man Dublin in der zweiten Landessprache Gälisch nennt, erfahren. Auf was kann die Stadt in ihrer über tausendjährigen Geschichte zurückblicken? Wo bekomme ich mein Guinness in original irischem Pub-Ambiente abseits der Touristenfallen? Wie komme ich nach Dublin und wie bewege ich mich dort am besten durch die Stadt? Was hat die Hauptstadt der grünen Insel in Sachen Kultur und Unterhaltung für mich auf Lager? Sollte ich meine Badekleidung mitnehmen? Und wie kann ich meinen Urlaub so gestalten, dass er auch meinen Geldbeutel schont?

Ohne zu viel vorwegnehmen zu wollen: Auf all diese Fragen hat Dublin eine Antwort für Sie parat.

Dublin – ein kurzer Überblick

Um Ihnen vor der Beleuchtung der Details die Stadt Dublin ein wenig vorzustellen, sollen an dieser Stelle ein paar Eckdaten über die „Fair City" aufgeführt werden.

Mit ca. 530.000 Einwohnern im Stadtkern und ungefähr 1,2 Millionen Einwohnern im angrenzenden Dublin County ist Dublin die größte und wichtigste Stadt der Republik Irland und vermutlich auch der gesamten irischen Insel. An der Irischen See gelegen, verfügt Dublin über eine günstige Lage für

Waren- und Personenverkehr, die Verbindungen per Schiff und Flugzeug binden die Stadt und das gesamte Land sowohl an Großbritannien als auch ans europäische Festland an.

Landschaftlich ist Dublin vom Fluss Liffey und den umliegenden Wicklow Mountains geprägt, die unmittelbare Nähe zum Meer sorgt für ein mildes, maritimes Klima. Zwar hat die Stadt ähnlich viele Regentage wie die britische Hauptstadt London, aber Dublin ist auch unangefochtene kulturelle Hauptstadt Irlands: Regentage lassen sich zum Beispiel im berühmten Trinity College direkt im Stadtkern verbringen, wo das „Book of Kells" und viele weitere mittelalterliche Handschriften und die berühmte „Long Hall" der Bibliothek bestaunt werden können. Kunstfans werden in der National Gallery of Ireland oder dem Irish Museum of Modern Art glücklich. Aber auch shoppen lässt es sich hervorragend: Auf der Grafton Street finden sich trendige Markenstores und im Partyviertel Temple Bar kann man sein Schatzsucherglück in vielen kleinen Second Hand-Läden versuchen.

Die Stimmung in der Stadt ist eine sehr lockere – ein Taxifahrer beschrieb mir Dublin einmal als

„kleineres, freundlicheres London, in dem die Leute noch miteinander reden." Und das trifft den Nagel tatsächlich auf den Kopf, die Dubliner sind wirklich immer für einen kurzen Plausch zu haben, fragen, wo man herkommt, und geben auch gerne Tipps für die Abendplanung. An jeder Ecke der Innenstadt stehen Straßenmusiker oder Entfesselungskünstler, die auch eilige Geschäftsleute in ihren Bann ziehen. Die Mittagspause wird bei gutem Wetter sehr leger im Park verbracht und besonders schick muss man auch nicht sein – bei den Dublinern zählen (so romantisierend das auch klingen mag) tatsächlich die inneren Werte.

Sollten Sie jetzt Lust haben, mehr über Baile Atha Cliath zu erfahren, sollten wir aber am Anfang beginnen...

Geschichtliches

Als die ersten Bewohner des heutigen Dublins gelten die Kelten, die die Stadt noch bis heute prägen – in der Sprache, durch den berühmten irischen Whiskey (das Wort leitet sich vom keltischen „uisce beatha" – Wasser des Lebens ab) und ihren Sagen und Märchen. Kurz nach der keltischen Besiedlung gründeten Wikinger im 9. Jahrhundert etwas weiter abwärts des Flusses Liffey das Dorf An Duibhlinn, was übersetzt so viel wie „Der dunkle Tümpel" (nach der damals noch bestehenden Moorlandschaft um Dublin herum) bedeutet. Dieser Name hat sich im Laufe der Jahrhunderte zu Dublin gewandelt. Auch das Erbe der Wikinger ist in Dublin noch spürbar, zum Beispiel in der Architektur der Kirchen Dublins – diese wurde vornehmlich von den Nachfahren der Wikinger, den Normannen, beeinflusst.

Im Mittelalter stand das keltische Dublin für lange Zeit unter der Herrschaft der Normannen, die die Stadt nach und nach bebauten und auch das Christentum mit sich brachten, das in Irland noch heute wichtiger Bestandteil der nationalen Identität ist. Mit der Gründung des Vereinigten Königreichs befand sich Dublin dann unter britischer Verwaltung und war den Königen steuerpflichtig. Im 16. und 17. Jahrhundert wurde die gesamte Insel von der Dynastie der Tudors erobert, dieser Zeitpunkt ist wohl der, an dem der Wille der Selbstbestimmung seinen Anfang nahm. Dieser Unabhängigkeitsdrang sollte Dublin und ganz Irland ebenfalls für die nächsten Jahrhunderte begleiten und ist auch im 21. Jahrhundert noch spürbar: die Dubliner sind stolz auf ihre Republik und an gefühlt jeder Straßenecke finden sich Denkmäler für Widerstandskämpfer und die Opfer der vielen Befreiungsversuche. Unter der britischen Herrschaft mauserte sich Dublin jedoch

vom provinziellen Dorf zur ansehnlichen gregoriani-
schen Provinzhauptstadt mit Befestigungsanlagen
(insbesondere das Dublin Castle), Kirchen und typi-
schen Wohnhäusern, die auch heute noch gehegt
und gepflegt werden.

1845 kam es jedoch zur Katastrophe: durch
Missernten auf den Kartoffelfeldern, die den Grund-
stein für die Ernährung der Iren stellten, kam es zu
einer großen Hungersnot. Obwohl die Stadt Dublin
relativ glimpflich davonkam, starben beinahe 1,5
Millionen Iren, viele wanderten in die „neue Welt"
nach Amerika aus. Diese Diaspora ist bei den Iren
ebenfalls zu einem wichtigen Bestandteil der Identität geworden. Den Opfern der Hungersnot sind in
Dublin viele Denkmäler gewidmet.

Die nächste Unruhe ereilte Dublin 1916: der
Schrei nach Unabhängigkeit von der britischen
Krone wurde immer lauter und mündete während
der Ostertage im sogenannten Osteraufstand. Irische Republikaner und britische Soldaten lieferten
sich in Dublins Straßen Gefechte, insbesondere in
den Straßen um das Postamt im Stadtkern herum.
An diesem Ort hatten sich die obersten Funktionäre
der Unabhängigkeitsbewegung verschanzt, heute

befindet sich hier ein sehr gut kuriertes Museum über den Aufstand.

Nach der Ausrufung der Republik war es aber noch nicht vorbei. In den folgenden Jahrzehnten kam es auch in Dublin immer wieder zu Anschlägen radikaler Republikaner, namentlich der IRA. So wurde beispielsweise 1966 die Statue des britischen Admirals Nelson auf der O'Connell Street gesprengt.

Ab den Achtzigerjahren kam es zu einer Erneuerung Dublins. Von Auseinandersetzungen oder Vernachlässigung beschädigte Gebäude wurden eingerissen und durch moderne Bauten ersetzt, die Stadt wuchs stark an. Entlang der Liffey entstand im Osten der Stadt ein hochmodernes Viertel mit Sitzen vieler wichtiger Firmen und schicken Restaurants, im ehemals eher spärlich besiedelten Westen entstanden Vorstädte mit Reihenhäusern. Das moderne Dublin ist Kultur- und Wirtschaftsmetropole und vereint Innovation mit einem Bewusstsein für seine Geschichte und Wurzeln.

Warum Dublin?

Vielleicht fragen Sie sich, warum Sie Ihren nächsten Urlaub unbedingt in Dublin und nicht im wesentlich größeren London oder Edinburgh verbringen sollten. Schließlich liegen die beiden Städte doch quasi „in der Nachbarschaft" und sprachlich ist der Unterschied doch auch nicht so groß... Beides ist richtig, aber Dublin hat eben seinen ganz eigenen Charme.

Vielleicht denkt man bei einer kleineren Stadt zunächst einmal, dass es hier weniger zu erleben gäbe und sich schnell Langeweile breitmacht. Dies ist aber weit gefehlt. Bei allen meinen Besuchen in

Dublin habe ich immer wieder neue Ecken, Viertel und Pubs entdeckt, die sich vor ihren Pendants auf der größeren britischen Insel nicht verstecken müssen.

Ein weiterer Vorteil des kleineren Dublins ist das sehr konzentrierte Angebot an Möglichkeiten, seine Zeit zu verbringen: Von einem Café können Sie sozusagen in eine wunderschöne Kathedrale stolpern, von da aus müssen Sie nur eine Straße überqueren und schon stehen Sie in einem der toll angelegten Parks der Stadt. Und obwohl in Dublin die Wirtschaft boomt, ist das Leben im Vergleich zu anderen europäischen Metropolen doch irgendwie gelassener und entspannter. Sieht man vom regen Busverkehr im Stadtzentrum einmal ab, bewegen sich die Bewohner entspannter und lockerer durch ihre Stadt und nehmen sich die Zeit, ab und zu auch mal stehen zu bleiben.

Der ultimative Pluspunkt für mich ist jedoch die Nähe zur Natur und zum Meer. In einer guten Stunde erreicht man mit dem Bus die wunderschönen, nebelverhangenen Wicklow Mountains und muss sich bei jedem Stein und Strauch irgendwie fragen, ob sich dahinter nicht vielleicht ein Wichtel oder eine

Fee aus der irischen Folklore versteckt. Und während man dort allein über einen der vielen, gut ausgeschilderten Wanderwege läuft, (von Führungen würde ich eher abraten, diese sind meist recht teuer und verderben eher das Erlebnis) kann man die Ruinen des Klosters Glendalough entdecken, wo der Stadtpatron Dublins, der heilige Kevin, im Frühmittelalter angeblich dem Christentum den Weg geebnet hat.

Wer nicht gerne wandern geht und lieber das rauschende Meer in der Nähe weiß, der muss sich nur in die Stadtbahn DART (vergleichbar mit der Berliner S-Bahn) setzen. Nach 30 bis 40 Minuten Fahrt, die dank des im ganzen Nahverkehr verfügbaren WLANs oder einem guten Buch wie im Flug vergehen, erreicht man sowohl im Norden als auch im Süden wunderschöne Küstenorte. Im Norden liegt das eher raue Howth mit spektakulären Klippen, Fischereiquays und zahlreichen, alteingesessenen „Chippers", wie die Dubliner ihre Fish & Chips-Buden nennen. Der Strand ist zwar meist gut besucht, aber mit gutem Gleichgewichtssinn und etwas Mut lassen sich nach Kletterpartien an der felsigen Küste wirklich wunderschöne, abgelegene Ecken finden.

Allerdings ist das Baden in Howth eher etwas für Hartgesottene, die Wassertemperatur liegt in der Irischen See zumeist nicht höher als 20 Grad.

Nimmt man den DART in die andere Richtung, so gelangt man in das etwas verschlafene Dorf Dalkey, wo unter anderem U2-Sänger Bono seinen Wohnsitz hat. Abgesehen von einem eher glatteren Kiesstrand ist aber auch das Dorfzentrum einen Besuch wert – in vielen Cafés kann man hier seinen Nachmittagstee mit Scones einnehmen (unbedingt mit „Clotted Cream" bestellen!). Wem nach dem Strandspaziergang eher nach einem Pub zumute ist, der kann in einer der drei Dorfkneipen unter Locals entweder ein Guinness oder ein irisches Ale genießen.

Aber ganz egal, was Sie in Dublin und Umgebung auch machen: das ganz besondere irische Flair wird Sie immer begleiten – und nach Ihrem ersten Besuch wollen Sie ihn nicht mehr missen.

Eine mobile Stadt

P aris hat die Metro, London die Underground und rote Doppeldeckerbusse. Und Dublin? Das Verkehrsnetz der irischen Hauptstadt ist eines der besten und übersichtlichsten, die ich jemals erlebt habe. Neben dem bereits erwähnten DART, der Norden und Süden mit dem Stadtzentrum verbindet, verkehren in Dublin fast 200 Buslinien, in der Innenstadt dazu noch eine Straßenbahn, die den passenden Namen „LUAS" trägt – Luas bedeutet im Gälischen „Geschwindigkeit".

Bezahlt wird im Dubliner Nahverkehr nach gefahrener Strecke, nicht wie in Deutschland nach

Fixpreis. Dieser gilt in Dublin nur für die Nachtbusse, die mit einem „N" vor ihrer Linienzahl gekennzeichnet sind. Das Bezahlen verläuft modern und unkompliziert: Am günstigsten nutzt man die Verkehrsmittel mit der sogenannten LEAP-Card. Diese grüne Karte erhalten Sie am Ticketautomaten für eine einmalige Gebühr von 5€ (Stand August 2019), dann können Sie die Karte je nach Bedarf beim Busfahrer oder am Ticketautomaten mit Bargeld aufladen. Beim Einsteigen scannen Sie die Karte, es wird Ihnen dann der günstigste Tarif berechnet und abgebucht. Bei meinem letzten, fünftägigen Aufenthalt in der Stadt mit wirklich vielen Bus- und Bahnfahrten bin ich mit 30 € sehr gut ausgekommen. Außerdem behält die LEAP-Card ihre Gültigkeit – sollte Dublin Sie also in seinen Bann ziehen und Sie noch einmal wiederkommen wollen, müssen Sie sich keine neue kaufen. Wer eher selten Bus und Bahn fährt, kann sich aber auch ganz normal ein Ticket beim Fahrer lösen. Und wenn Sie sich einmal nicht sicher sind, hilft Ihnen das wirklich freundliche Personal weiter.

Sollte es einmal später werden, bekommen Sie in Dublin auch zu jeder Zeit ein Taxi. Preislich sind diese ungefähr mit Taxifahrten in Deutschland zu vergleichen.

Dublin ist aber auch eine sehr attraktive Stadt für Fußgänger. Das Stadtzentrum lässt sich aufgrund vieler Fußgängerzonen und breiter Bürgersteige auch prima zu Fuß erkunden. Beim Überqueren der Ampel sollten Sie aber aufpassen – die Iren fahren links!

Seit einigen Jahren gibt es in Dublin auch Leihfahrräder und ein wirklich gutes Netz von Fahrradwegen.

Aber wie kommen Sie überhaupt nach Dublin? Der Flughafen liegt nur etwa 10 Kilometer außerhalb im Norden der Stadt und ist mit mehreren Buslinien direkt ans Stadtzentrum angebunden. Von Düsseldorf aus fliegen beispielsweise Aer Lingus, Eurowings und KLM, letztere jedoch mit kurzem Zwischenstopp in Amsterdam.

Wer allerdings wegen Flugangst oder einem schlechten Gewissen der Umwelt gegenüber lieber auf das Flugzeug verzichten möchte, der kann auch eine der vielen Fährverbindungen nutzen. Von Holyhead in Wales kommen Sie beispielsweise im Zwei-Stunden-Takt nach Dublin, von hier dauert die Fahrt je nach Seegang 2-3 Stunden und kostet für einen einzelnen Fußgänger um die 40 € (Stand August 2019). Wer länger unterwegs sein will, kann auch vom britischen Liverpool oder französischen Cherebourg in der Bretagne in See stechen – hier dauern die Fahrten gut und gerne mal 12 Stunden, sind aber auch wesentlich teurer. Vom Dubliner Hafen gibt es tagsüber ein direktes Shuttle zur Connolly Station, einem Hauptverkehrsknotenpunkt direkt im Stadtkern. Ein Ticket kostet etwa 5 € (Stand August 2019).

Must-Sees und „Geheimtipps"

Nachdem Sie nun also in Dublin angekommen men sind, werden Sie sich sicherlich fragen, wo und wie Sie Ihre Zeit spannend und günstig verbringen können. Dazu will ich Ihnen in diesem Kapitel einige Anregungen und Tipps mit auf den Weg geben. Allerdings soll sich dieses Kapitel erst einmal nur auf Tages-und Abendgestaltung beschränken, auf Unterkünfte und Verpflegung möchte ich später noch zu sprechen kommen.

TYPISCH IRISCH

Über Irland halten sich ja so einige Klischees: Volksmusik, Leprechauns, Guinness und ewig lange Vorträge über Geschichte. Diese Klischees haben meist auch einen wahren Kern, aber Sie müssen die „Irish Experience" nicht zwangsläufig im Party- und Kneipenviertel Temple Bar suchen. Ich persönlich gehe sehr gerne tagsüber durch Temple Bar und genieße mit einem Coffee-to-Go auf einer Bank das wunderbare Ambiente, das rege Gewusel von Wirten und Touristen und die schöne Architektur – aber mal ehrlich, es ist schon ziemlich touristisch und teuer hier. Das wirklich authentische Pub-Feeling erleben Sie meist eher, wenn Sie sich etwas weiter von der Liffey entfernen. An sich kann man jeden einzelnen Pub empfehlen, es kommt nur darauf an, wonach Ihnen abends ist. Auch in vielen Kiez-Pubs gibt es Livemusik oder Live-Übertragungen von Fußball- oder Rugbyspielen. Besonders interessant wird es, wenn Sie unter Iren ein Gaelic Football-Spiel ansehen: Die Regeln dieses Spiels erschließen sich nicht wirklich für jemanden, der nicht damit aufgewachsen ist, und es macht großen Spaß, über die Abläufe zu rätseln, während die Dubliner enthusiastisch ihr

Team anfeuern. Ein weiterer Pluspunkt dieser meist bodenständigeren und nicht „aufgehübschten" Pubs sind die Preise: Während Sie in Temple Bar gut mal bis zu 6 € für ein Pint (0,55 L) bezahlen, kostet es hier eher 4 € – ein guter Preis für ein Land, in dem der Alkohol eher teuer ist.

Der Folklore können Sie in Dublin eigentlich kaum entkommen. Quasi jeder Ort in und um Dublin herum hat eine Geschichte zu erzählen und will von Ihnen entdeckt werden. Es gibt zwar zahlreiche Folklore-Touren und Abende, diese kommen aber meist mit einem Preis von bis zu 60 € pro Person daher. Ich würde daher empfehlen, sich entweder vor der Abreise ein deutschsprachiges Buch über irische Folklore zu kaufen oder in einer von Dublins vielen Buchhandlungen danach zu fragen – häufig gibt es sogar Bücher, die sich speziell auf Dublins Feen und Trolle beziehen. Das Buch können Sie dann vor oder während Ihres Aufenthalts lesen und selbst anfangen zu träumen.

Auch die Musik wird Sie in Dublin eigentlich immer begleiten, die Iren lieben ihre alten Reels und Jigs noch immer. Aber auch moderne Pop-Hymnen werden von Dublins Straßenmusikern aufgegriffen und neu interpretiert. Bei der Musik gilt dasselbe wie bei der Folklore: Lieber keine Touren und Konzerte besuchen, die speziell auf Touristen ausgelegt sind, dem Geldbeutel und der Authentizität zuliebe. Viele Pubs haben mindestens einen Abend in der Woche Livemusik im Angebot, vorgetragen von echten Dubliner Originalen.

Als kleinen Musiktipp zur Einstimmung sei an dieser Stelle die Band Planxty erwähnt – irischer geht's kaum!

KIRCHEN, KRAFTORTE UND UNHEIMLICHES

Wie schon erwähnt ist der Glaube – sei er katholisch oder anglikanisch – für die Dubliner auch heute noch wichtig. Auch wenn man nicht jeden Sonntag in die Kirche geht, spricht man doch von sich als Katholik oder Anglikaner.

Architektonisch am spannendsten sind sicherlich die beiden anglikanischen Kirchen St. Patrick's Cathedral und die Christ Church Cathedral im Stadtzentrum. Beide sind im normannisch-gotischen Stil erbaut und ähneln von außen eher Burgen als

Kirchen. Ihre Kirchenschiffe sind jedoch prachtvoll gestaltet und an jeder Ecke gibt es ein Detail zu entdecken. So ist zum Beispiel in der St. Patrick's Cathedral einer von Irlands vielen Schriftstellern bestattet: der Autor von „Gullivers Reisen" Jonathan Swift wurde hier beigesetzt.

Ein wirklicher Geheimtipp, auch für nicht-gläubige Musikfans, ist der „Evensong", also das gesungene Abendgebet in der Christ Church Cathedral. Der Chor der Kathedrale lässt regelmäßig um 18 Uhr uralte Melodien erklingen, die noch aus dem Mittelalter überliefert sind.

Wer sich nicht unbedingt in eine Kirche begeben möchte, um Ruhe zu finden, dem sei eine Wanderung um die Klippen des bereits beschriebenen Stadtteils Howth zu empfehlen. Bei spektakulärem Ausblick auf die irische See und die Dublin vorgelagerten Kalksteininseln lässt es sich träumen, nachdenken und abschalten. Außerdem erfüllen Sie damit noch Ihr Sportpensum für den Tag, denn die Anstiege sind recht steil. Aber für diese Ausblicke und diese Atmosphäre lohnt sich jede Anstrengung. Ich habe diesen Spaziergang bisher immer unternommen, wenn ich in Dublin war, und immer wieder neue Details entdeckt.

Es gibt aber auch Tage, da möchte man nicht 30 Minuten Zug fahren, um einfach mal im Grünen die Seele baumeln zu lassen. Und auch für diese Tage hält Dublin einiges bereit: Entlang der Hauptstraßen finden sich zahlreiche Parkanlagen mit liebevoll angelegten Teichen, Kieswegen und Pavillons, die zum Verweilen einladen. Ein persönlicher Favorit ist das St. Stephen's Green am südlichen Ende der Grafton Street. In diesem typisch georgianischen Park, der seit dem 17. Jahrhundert quasi unverändert geblieben ist, lassen sich gemütliche Runden drehen. Aber auch zum Verweilen und Lesen lädt der Park ein. Warum nicht mal mit einem Buch eines der berühmtesten Söhne der Stadt unter einem alten Baum Platz nehmen? St. Stephen's Green spielt in James Joyces Klassiker „Ulysses" eine bedeutende Rolle. Dem Schriftsteller ist im Park ein Denkmal gewidmet. Als kleiner, etwas gruselig-grausamer Fakt am Rande: Im Mittelalter war das St. Stephen's Green Schauplatz der öffentlichen Hinrichtungen in Dublin.

Ebenfalls immer einen Besuch wert ist der Arch Bishop Ryan Park am Merrion Square. Er liegt in der Mitte von vier Häuserreihen, die für ihre charakteristischen Türen bekannt sind. Aus jeder könnten gleich John Watson und Sherlock Holmes herauskommen... Der Park war zudem noch einer der Lieblingsorte des Schöngeists und Schriftstellers Oscar Wilde, der lange Zeit am Merrion Square seinen Wohnsitz hatte.

Für naturkundebegeisterte bietet sich ein Ausflug in den Phoenix Park an. In diesem riesigen Park im Nordwesten der Stadt befinden sich neben dem Dublin Zoo auch die National Botanic Gardens Of Ireland, die von typisch irischen Biotopen bis hin zu alpinen Gärten wirklich alles zur Schau stellen, was die Pflanzenwelt zu bieten hat. Im Herbarium lassen sich über 600.000 getrocknete Exemplare verschiedenster Pflanzenarten begutachten. Seit 2002 findet hier außerdem die Ausstellung „Sculptures in Context" statt, bei der Profi- und Laienkünstler jeweils im Sommer verschiedenste Skulpturen raffiniert in die örtlichen Gegebenheiten einbetten.

Neben der lebendig-hellen Seite verbirgt die irische Hauptstadt aber auch einige eher düstere Geheimnisse – kein Wunder also, dass der Schaffer des bekannten „Graf Dracula", Bram Stoker, aus seiner Heimatstadt viel Inspiration für seine berühmte

Vampirgeschichte ziehen konnte.

Wer einen Blick auf diese dunkle Seite Dublins werfen will, sollte in der St. Michan's Church in der Nähe des obersten Gerichtshofs Irlands (LUAS-Haltestelle „Four Courts") anfangen. Unter dieser Kirche aus dem 7. Jahrhundert verbirgt sich eine Gruft, in der tatsächlich Mumien bestattet sind. Für einen kleinen Eintrittspreis werden Sie von einem Freiwilligen der Gemeinde durch lange Gänge geführt und können sich die einbalsamierten Körper anschauen, von denen jeder eine eigene, mehr oder weniger tragische und geheimnisvolle Geschichte hat.

Auch für Spukbegeisterte steht ein breites Angebot an Touren bereit, die tatsächlich recht kostengünstig sind. Bei einem geführten Abendspaziergang für ca. 15 € erzählt Ihnen ein orts- und geschichtskundiger Guide wirklich geschehene grausame oder übernatürliche Geschichten aus Dublin.

GESCHICHTE ZUM ANFASSEN

Ich habe nun schon oft von Irlands bewegter Geschichte erzählt, aber nur davon zu lesen ist auf
Dauer ja doch langweilig. Um dieser Langeweile ent-
gegenzuwirken, hat Dublin eine Vielzahl wirklich gut
kurierter Geschichtsmuseen, von denen in diesem
Abschnitt berichtet werden soll.

Die Frühgeschichte Dublins und besonders die
Besiedlung durch die Wikinger lässt sich im „Dubli-
nia" in der Nähe der Christ Church Cathedral wirklich gut nachvollziehen. Zwar ist der Eintritt hier etwas teurer (Erwachsene 11 €, Schüler und Studen-
ten 10 €, Kinder bis 12 Jahre 6,50 €; Stand März
2020), aber gerade für jüngere Geschichtsfans ist
dieses Museum oft ein Highlight. Viele Modelle und
Originalfunde werden in einfachem Englisch auf
Schildern erklärt, einige davon lassen sich sogar an-
fassen. Wer seinen Englischkenntnissen nicht so
recht über den Weg traut, kann am Eingang eine Bro-
schüre in der Sprache seiner Wahl erhalten. Auch die
wirklich liebevolle multimediale Gestaltung bringt
Spaß und Lernen zusammen: durch Soundkulissen,
kurze Infofilme oder rekonstruierte Langhäuser der
Wikinger wird das Dublin des Mittelalters wirklich

lebendig.

Wenn man sich doch eher für die modernere Geschichte interessiert, dürfen das Irish Famine Museum und das Irish Museum of Emigration nicht unerwähnt bleiben. In beiden Museen werden die untrennbar miteinander verknüpften Ereignisse anhand vieler Originaldokumente und Aufnahmen sachlich dargelegt und die Menschen gezeigt, die unter dem „Großen Hunger" zu leiden hatten oder wegen ihm nach Amerika emigriert sind.

Natürlich soll auch hier die Geschichte der irischen Revolution ihren Platz haben, denn sie wird in gleich zwei großartigen Museen an historisch wichtigen Orten beleuchtet: Im General Post Office an der O'Connell Street befindet sich das „GPO Witness History"-Museum. Medial bombastisch aufgearbeitet werden hier im Detail die Geschehnisse rund um den Osteraufstand 1916 erklärt und mit teils originalen, teils rekonstruierten Artefakten wirklich erfahrbar. Beeindruckend ist die sehr differenzierte Art, auf welche der Aufstand geschildert wird. So wird zum Beispiel auch über die Erfahrungen der britischen Soldaten berichtet, die den Aufstand niederzuschlagen versuchten. Der Eintrittspreis kann sich zwar mit 17 € (Stand August 2019) wirklich sehen lassen, war mir aber jeden Cent wert. Nach meinem Besuch dort hatte ich das erste Mal das Gefühl, den Osteraufstand tatsächlich verstanden zu haben. Ich bin danach mit einem anderen Blick durch Dublins Straßen gegangen.

Die weniger glorreiche Seite der Unabhängigkeitsbewegung wird in Kilmainham Gaol deutlich: nach der Niederschlagung des Osteraufstands wurden in diesem viktorianischen Gefängnis nahe des Phoenix Parks die Anführer der „Struggles", wie die Iren den Aufstand nennen, gefangen gehalten und schließlich erschossen. Einerseits ist die Architektur des Gefängnisses sehr beeindruckend, andererseits ist man froh, wenn man nach der Führung durch die nassen Steingänge mit vergitterten Fenstern wieder außerhalb der mächtigen Mauern steht. Ein Moment, der mir von meinem Besuch in Kilmainham Gaol wirklich in Erinnerung geblieben ist, war die Ansprache auf Gälisch am Ende der Führung, die unser Guide auf dem Hinrichtungsplatz der Anführer unter einer wehenden irischen Flagge hielt. Völlig unerwartet senkte er den Kopf und wechselte von perfektem Englisch in die Sprache, die von der Krone so lange unterdrückt worden war. Ein Beweis dafür, wie sehr sich die Dubliner mit ihrer Geschichte auch hundert Jahre später noch verbunden sehen.

KUNST UND KULTUR

Wer dachte, auf den britischen Inseln würde sich das kulturelle Leben ausschließlich in London, Liverpool und Glasgow abspielen, der liegt falsch. Zwar ist Dublins Kunst- und Kulturszene nicht unbedingt so alteingesessen wie ein TATE Modern oder das Royal Scottish National Orchestra, aber gerade dieser frische Wind bereitet jedem Liebhaber des Schönen Gänsehaut.

Besonders die Literatur fließt Dublin sprichwörtlich im Blut, nicht ohne Grund ernannte die UN-ESCO Dublin im Jahr 2009 zur Weltliteraturmetropole. Deswegen ist es kaum verwunderlich, dass gerade entlang der Liffey ein Buchladen auf den nächsten folgt. Das Sortiment ist oft extrem verschieden. Während der eine Ladenbesitzer ein Faible für irische Klassiker hat und diese dann meist auch gleich noch in gälischer Ausgabe führt, bietet seine Nachbarin Sachbücher aller Art an. Auch antiquarische und gebrauchte Bücher lassen sich an vielen Orten zu sehr kulanten Preisen finden. Ein besonderer Tipp ist gerade in diesem Bereich „Stoke's Books" in den „George's Street Arcades". In diesem viktorianischen Backsteinbau lassen sich neben gebrauchten Büchern aus aller Welt auch eine Vielzahl an Schallplatten, Kassetten und andere Kuriositäten finden. Und wer zwischendurch mal einen Einblick in sein Schicksal braucht, kann sich hier auch direkt aus der Hand lesen oder Karten legen lassen.

Aber auch das Theater und Musical werden in Dublin gepflegt: Das traditionsreiche Abbey Theatre wurde im Zuge der Emanzipation gegründet. Neben Klassikern werden hier vor allem eigene Produktionen gespielt, die oft speziell irische Themen wie die Hungersnot, die Revolution von 1916, die Spannungen im Norden des Landes oder einfach die irische Lebensrealität verarbeiten.

Das etwas jüngere Gate Theatre am Parnell Square wird vom Guardian regelmäßig für seine Aufführungen gelobt, Inszenierungen von „Sweeney Todd" oder „The Great Gatsby" werden als „neues Morgengrauen der Theaterwelt" bezeichnet. Wo das Abbey Theatre eher auf traditionelle Inszenierungen setzt, versuchen sich die Regisseure im Gate Theatre an immersiven Inszenierungen; die Schauspieler interagieren also mit dem Publikum und dem Raum.

Ein Theaterbesuch ist in Dublin darüber hinaus für europäische Standards noch sehr günstig: Eine Karte für Top-Plätze im Parkett kostet im Gate Theatre zum Beispiel 30 € (Stand März 2020), für dieses Geld bekommt man in Deutschland vielleicht einen Platz im Rang. Diese kosten im Gate meist um die 15 € (Stand März 2020).

Aber was, wenn Ihnen das gesprochene Wort nicht so liegt und Sie eher Fan der bildenden Künste sind? In der National Gallery of Ireland sind viele Werke irischer Maler aus den Epochen des Barocks und der Romantik zu Hause. Aber auch Bilder holländischer und italienischer Altmeister lassen sich hier bestaunen: Neben Bildern von Rembrandt van Rijn, Caravaggio und Velasquez sind hier Statuen des Dubliners Thomas Farell oder die Aquarelle von Sir Francis W. Burton ausgestellt. Geschickt wird die barock-romantische Sammlung mit modernen, internationalen Werken durchsetzt: So ist es hier nichts ungewöhnliches, neben einer dramatischen Sturmszene eines William Turners ein skurriles, kubistisches Stillleben von Picasso hängen zu sehen. Und das Beste daran: Der Eintritt in die Hauptsammlung ist völlig umsonst!

Schreiten wir weiter in der Kunstgeschichte voran, so steht uns irgendwann das Irish Museum of Modern Art im Weg. Im Stadtteil Kilmainham und nah am Phoenix Park gelegen, werden in dem 1991 gegründeten Museum Werke ab 1940 präsentiert. Zwar ist die Sammlung nicht übermäßig groß, aber ich war jedes Mal von der genialen Fokussetzung beeindruckt. Jedes der 3500 Werke bringt genau das auf den Punkt, was den Künstler ausmacht oder was er mit seiner Kunst aussagen wollte. Besonders lobenswert ist auch die Tatsache, dass sich ganz gezielt einzelne Werke oder Epochen besuchen lassen, es besteht kein „Rundgangszwang". Wie in der National Gallery ist auch hier der Eintritt zur Hauptsammlung gratis, für ein Ticket zu einer der wechselnden Sonderausstellungen zahlen Sie 3,50 € (Stand August 2019).

EINFACH MAL SPAZIEREN GEHEN

Irgendwann hat auch der größte Kultur- und Geschichtsfan keine Lust mehr, in Museen, Theatern und Ausstellungen die Sinne zu beanspruchen, und immer die gleiche Runde im Park zu drehen wird auch langweilig. Deswegen sollen an dieser Stelle ein paar Tipps für Spaziergänge und Parks ab vom Stadtkern eingestreut werden.

Ein Gang entlang des südlich gelegenen Grand Canals hat viele schöne Nebeneffekte. Entlang der Strecke gibt es viele Möglichkeiten, einfach mal auf einer Bank oder Wiese Platz zu nehmen, aufs Wasser zu schauen und zusammen mit den Studierenden und jungen Menschen Dublins den Feierabend einzuläuten. Außerdem sind die umliegenden Viertel Dolphin's Bar und St. Catherine's wenig bis gar nicht touristisch geprägt; hier lässt sich der „Dublin Way of Life" also noch unverfälscht und ungeschminkt erleben. Ein echtes Highlight ist es, wenn eines der Hausboote vorbeifährt. Der Kanal wurde bis 1960 noch aktiv für den Güterverkehr genutzt, seitdem ersetzt das Hausboot für viele Iren den Campervan. Die Boote sind oft noch im Originalzustand und liebevoll angemalt, und vor der Kulisse der Backsteinbauten und Brücken, die den Kanal säumen, fühlt man sich kurz ins 19. Jahrhundert zurückversetzt.

Sollten Sie nicht nur in Dublin bleiben und die grüne Insel zu Fuß erkunden wollen, sei Ihnen der Wanderweg empfohlen, der am Kanal entlang von Dublin bis zum Fluss Shannon im Landesinneren führt. Aktuelle Informationen erhalten Sie entweder im Waterways Ireland Centre oder in der Touristeninformation direkt am College Green.

Essen und Trinken

Dublin hat sich in den letzten Jahren zu einer wahren Pilgerstätte für Foodies entwickelt. Waren die Speisekarten Anfang der Neunziger noch auf Irish Stew, Pie and Mash und Fish & Chips reduziert, sind heute in Dublin mehrere Restaurants mit Michelin-Sternen aus dem Boden gesprossen. Das Angebot ist vielfältig. Von Sushi, indischen Curries bis hin zu irischen Klassikern und veganer Küche lässt sich fast alles finden. Um Ihnen die Auswahl etwas zu erleichtern, möchte ich Ihnen hier ein paar meiner Lieblingsrestaurants in Baile Atha Cliath vorstellen.

Zuerst soll auf echte Dubliner Institutionen eingegangen werden, aus eigenem Interesse sollen in einem gesonderten Abschnitt zudem noch Restaurants mit vegetarischer und veganer Küche Erwähnung finden.

Vorab jedoch ein paar Worte zur Esskultur der Iren: Wie in allen angelsächsischen Ländern ist die Hauptmalzeit das „Dinner", ein relativ frühes Abendessen. Frühstück und Lunch sind eher kleine Snacks. Wenn Sie auf ihr Budget achten wollen, ist diese Struktur ein guter Tipp: Mittags finden Sie in den zahlreichen Mini-Supermärkten Angebote, bei denen Sie für maximal 5 € ein Sandwich, ein Getränk und einen Apfel bekommen. Halten Sie einfach nach den Worten „Meal Deal" Ausschau.

Jetzt aber zur Abendplanung.

DUBLINER KLASSIKER UND IRISCHE SPEZIALITÄTEN

Herzhaft, einfach, Soul Food: Mit diesen drei Worten würde ich die irische Küche für jemanden beschreiben, der sie noch nie probiert hat. Sie ist geprägt von den Produkten des Landes: hochwertigem Rind- und Lammfleisch, landeseigenen Weidemilchprodukten, Kartoffeln, Gerste und Malz. Diese irische Küche in modernem Pub-Ambiente können Sie beispielsweise im „Duke" auf der gleichnamigen Duke Street finden. Zu sehr angemessenen Preisen können Sie hier Klassiker wie Steak-and-Guinness-Pie, Bangers and Mash und Burger aus irischem Rindfleisch genießen.

Eher am traditionellen Ende des Pub-Spektrums steht hingegen „The Quays Bar" – eine echte Institution im Ausgehviertel Temple Bar. Ja, tatsächlich empfehle ich *den* Pub in *dem* Touristenviertel. Aber manchmal gibt es einen Grund, warum jeder Reiseführer den gleichen Laden erwähnt. In dem wunderschönen, mit roten Kacheln gefliesten Gebäude gibt es für sehr anständige Preise (es sei zu beachten, dass in Irland alles generell etwas teurer als in Deutschland ist – also bitte nicht erschrecken!)

absolut authentisches Pub-Food und eine große Auswahl an Getränken. Ein absoluter Pluspunkt ist in meinen Augen das vegetarisch-vegane und glutenfreie Angebot, denn gerade in Pubs werden Menschen mit einer bestimmten Ernährungsweise oft nicht besonders glücklich.

Dublin ist wegen seiner Nähe zur See – auch der Atlantik ist nicht wirklich weit weg – eine *der* europäischen Hauptstädte, was Meeresfrüchte und Fisch angeht. Besonders Austern und Kabeljau sind aus der irischen Küche nicht wegzudenken. Aber auch Forelle, Flusskrebse und Lachse landen frisch aus den Flüssen Irlands auf den Tellern. Für Fisch-Fans lohnt sich der jetzt schon oft angepriesene Trip nach Howth – hier können Sie den Fisch wirklich fangfrisch kaufen und genießen. Dabei ist es egal, ob sie Lust auf Fish & Chips oder japanisches Sashimi haben, an der Uferpromenade von Howth finden Sie wirklich alles.

Im Stadtinneren wartet ein moderner Geheimtipp, der Foodies und Gourmets im Internet momentan in helle Freude versetzt: Die winzige „KLAW Oyster Bar" in der Crown Alley in Temple Bar bietet originell zubereitete Austern und Fisch zu sehr angemessenen Preisen an, ein halbes Dutzend Austern bekommen Sie hier für um die 12 €. Und auch der Nachhaltigkeitsfaktor ist erfüllt: fast alle Produkte sind irischen, wenn nicht sogar Dubliner Ursprungs.

Weniger Haute-Cuisine, aber nicht weniger irisch kommt „Leo Burdock Fish & Chips" daher. Seit 1913 bietet „Dublin's oldest Chippie" den zeitlosen Klassiker in Zeitungspapier an. Fangfrischer Fisch und selbstgeschnittene Fritten locken hier täglich Touristen und Dubliner gleichermaßen an; die lange Schlange zur Mittags- und Abendzeit spricht für sich.

VEGETARISCH UND VEGAN

Fleischfreies Abendessen, auf einer Insel die für ihr Rind- und Lammfleisch bekannt ist? Eben diese Sorge hatte ich auch, als ich das erste Mal als Vegetarier nach Dublin kam. Und die Sorge wurde noch größer, als ich bei meinem letzten Besuch als frischgebackener Veganer von der Fähre stieg. Aber auch die Iren gehen mit der Zeit, in der Innenstadt finden sich viele Restaurants, die ausschließlich vegetarisch-vegane Küche anbieten.

Ähnlich wie in Großbritannien erfreut sich auch in Irland und besonders in Dublin die indische Küche sehr großer Beliebtheit. Besonders bei „Govinda's Restaurant" auf der Middle Abbey Street werden die Geschmacksknospen geschmeichelt und auch der Carnivore vermisst nichts: Bei „Govinda's" bekommen Sie nicht ein einzelnes Gericht, sondern können sich zwischen drei unterschiedlichen Tellergrößen entscheiden. Diese können Sie dann ganz nach Belieben mit nach Kurkuma und Curry duftenden Speisen füllen. Sehr überzeugend sind neben den authentischen Gerichten auch die Preise: ein kleiner Teller kostet beispielsweise 5 €, und ein mittlerer, von dem Sie auch nach langen Spaziergängen oder ausgiebigen Shoppingtouren satt und glücklich werden, gerade einmal 7 € (Stand August 2019).

Ein weiterer Liebling von Vegetariern und Veganern ist die Falafel: Wie in jeder größeren Stadt lassen sich die Kichererbsenbällchen auch in Dublin an jeder Ecke finden. Das nächste Level der nahöstlichen Küche erreicht aber „Umi Falafel" mit gleich sechs Restaurants in Dublin. Die handgeformten Leckereien werden hier mit hausgemachtem Hummus in selbstgebackenem Brot serviert und können nach

Wunsch belegt werden. Dazu sind die Süßkartoffelpommes mit der originellen, scharfen Harissa-Sauce sehr zu empfehlen. Wenn Sie gerade auf der Suche nach einem leckeren, leichten Salat oder einer warmen Suppe sind, werden Sie hier auch fündig: ob authentischer libanesischer Bulgur, palästinensischer Fatoush-Salat oder türkische Linsensuppe: Bei „Umi" gibt es das alles für kleines Geld.

Und was, wenn Sie mit einer Gruppe unterwegs sind und die Einigung auf *ein* Restaurant schwerfällt? Kein Problem, im „Eatyard" auf der Richmond Street in Portobello bieten mehrere Restaurants aus Food Trucks heraus die unterschiedlichsten Spezialitäten an. Besonders glücklich war ich über die „Vish and Chips", den angelsächsischen Klassiker einmal vegetarisch gedacht. Direkt gegenüber gibt es südamerikanische Wraps und Tacos, und einen vernünftigen „Irish Roast" muss man auch nicht lange suchen. Auf diesem Hof eines ehemaligen Handwerksunternehmens wird wirklich jeder Wunsch erfüllt. Auch Durst haben muss keiner, ein hauseigener Pub bietet neben Guinness und Ale auch hausgemachte Limonaden und Craft Beers an. Sollten Sie einen Besuch planen, sollten Sie nur auf die Öffnungszeiten achten: da es sich um eine Art Biergarten handelt, kann es gut sein, dass der „Eatyard" bei schlechtem Wetter seine Pforten verschlossen lässt. Dazu gucken Sie am besten auf der Internet- oder Facebook-Seite nach (https://the-eatyard.com/).

EINFACH MAL KAFFEE TRINKEN

Jeder, der schon den ein oder anderen Städtetrip hinter sich hat, weiß: nicht nur gutes Essen, sondern auch ein heißes, frischgebrühtes Getränk zum Verschnaufen ist wichtig. In Dublin treffen Sie natürlich auf die üblichen Verdächtigen der Kaffee-Industrie, die auch alle ihre Daseinsberechtigung haben. Aber auch ab von Starbucks, Coffee Fellows und Konsorten halten sich viele kleine unabhängige Cafés und Bistros in Dublins Straßen versteckt.

Ein Hotspot für Kulturfans ist sicherlich das „Art Café Dublin". Hier auf der Frenchman's Lane erwartet Sie nicht nur Kaffee und Irish Breakfast, sondern auch fast allabendliche Kulturveranstaltungen: auf der kleinen Bühne sitzt entweder ein Musikstudent mit Gitarre oder jemand liest Kurzgeschichten vor. Das „Art Café" ist aber gleichzeitig auch Galerie. An den Wänden hängen Werke wechselnder Künstler. So werden hier in quirligem Ambiente alle Sinne auf einmal angesprochen.

Eher gemütlich geht es in „Rosie's Café" zu. Dieses von einer Gruppe von Freunden geführte Café und Bistro auf der Werburgh Street nahe der Christchurch Cathedral ist der perfekte Ort, um einfach nur mal Pause zu machen: entweder Nachmittags beim Tee oder Kaffee und einem hausgemachten Törtchen oder Mittags bei einem frisch nach Wunsch belegten Sandwich. Und wer glaubt, das einzige, was auf der grünen Insel geröstet wird, sei das Malz in der Guinness-Brauerei, täuscht sich: im „Rosie's" wird Kaffee serviert, der im benachbarten Wicklow County geröstet und gemahlen wird. Sollten Sie noch ein Souvenir für Ihre daheimgebliebenen Lieben brauchen, kann dieser „Wicklow Coffee" hier auch abgepackt erworben werden.

Was beim Essen gilt, gilt auch für den Kaffee: Dublin kann sowohl traditionell als auch modern. in den letzten Jahren hat sich Kaffeetrinken vom Alltäglichen zu einem Sammelsurium von Ritualen, Zubereitungsarten und Röstverfahren gewandelt. Ausgefallene Kaffeesorten können Sie in Dublin zum

Beispiel bei „brother hubbard" genießen. Dieses unscheinbare Café versteckt sich auf der Capel Street und wird nur durch ein Schild über dem Eingang gekennzeichnet. Neben Kaffee der Dubliner Rösterei „3fe" und einer großen Auswahl von feinen Tees bekommen Sie im angeschlossenen Shop alles, was der Kaffeeliebhaber zu Hause brauchen kann: von der French Presses über High-Tech-Wasserkocher zu weiteren Accessoires für die Zubereitung Ihres liebsten Heißgetränks.

Shopping

E ssen, Kaffee trinken und Spazierengehen sind ja durchaus schöne Aktivitäten, aber zu einer Reise gehört für mich auch immer ein Souvenir. In diesem Kapitel sollen Ihnen nun ein paar Möglichkeiten vorgestellt werden, wie ein Stück Dublin auch mit nach Hause kommen kann.

Dublins Angebot an Modegeschäften ist riesig. Natürlich sind auch hier die bekannten großen Ketten vertreten, aber in Seitenstraßen und Vierteln, die weiter weg vom Stadtkern liegen, verstecken sich viele kleinere Geschäfte mit Unikaten und Hingucker-Teilen aus vergangenen Style-Epochen. In

Temple Bar befinden sich viele Second-Hand-Läden, in denen Flower-Power-Blusen und Lederjacken aus der Punk-Ära der 70er-Jahrn auf Sie warten. Ein besonderer Liebling ist die „dublin vintage factory". Hier ist nicht nur die Auswahl an Kleidung riesig, auch die Preise sind wirklich großartig. Sie bezahlen in diesem trendigen Laden auf der Fownes Street Upper nicht einzelne Kleidungsstücke, sondern kiloweise. Das Kilo Vintage-Ware wechselt hier für 20 € den Besitzer – da kann Berlin einpacken!

Im „Retroshop Dublin" in den bereits erwähnten George Street Arcades wird es bunt und quirlig: Das ausgesprochen nette und hilfsbereite Team bietet hier eine Mischung aus Secondhand-Mode und Neuware an. Spezialgebiet dieses kleinen Wunderlandes sind die Mode der 50er und 60er, mit deutlichen Einflüssen vom japanischen „Lolita-Style". Niedlich ist das Stichwort!

Liebhaber der Skinhead- und Mod-Kultur sollten sich „Rebirth of Cool" nicht entgehen lassen. Egal, ob Sie ein Fred Perry-Polo oder eine Harrington-Jacke mit dem ikonischen karierten Futter suchen, hier sollten Sie das Gesuchte finden. Die Preise liegen in dieser Boutique zwar etwas höher, aber die

Qualität dieser britischen Klassiker begleitet Sie bei der richtigen Pflege meist ein Leben lang.

Nicht weniger traditionsreich kommt „Kevin & Howlin Tweeds" auf der Nassau Street des Trinity Colleges daher. In diesem edlen Geschäft gibt es alles, was der stilbewusste Gentleman (und auch die Lady!) an Abendgarderobe braucht. Tweed-Bekleidung aus irischer Wolle, Hüte, Hemden in jeder Ausführung und die dazu passenden Manschettenknöpfe. Und auch, wenn Sie von den Preisschildern abgeschreckt werden, ist dieser Laden auch ohne Kaufabsicht einen Besuch wert. Es bedienen Sie hier zwei ältere irische Gentlemen, die Ihnen auch gerne einfach das richtige Tweed-Muster für Ihren Typ empfehlen.

Spannend finde ich es auch immer, in ganz „normale" Läden und Straßen zu gehen, in denen die Locals ihre Besorgungen machen. Die Henry and Mary Street nördlich der Liffey ist der weniger edle kleine Bruder der angrenzenden O'Connell Street. Einfach nur für das Erlebnis würde ich immer einen Besuch beim britischen Kaufhaus „Marcs and Spencer" empfehlen. Zwar gibt es hier nicht unbedingt ausgefallene Modekracher, aber besonders kurz vor Beginn des irischen Schuljahres ist das Einkaufserlebnis hier ein wirklich anderes als auf dem europäischen Festland. An irischen Schulen herrscht meist Uniform-Pflicht, und eben diese Uniformen können auch bei „M&S" erworben werden. Die Masse an Familien, die mit ihren Kindern hier alles für den Schulstart einkauft, lässt Erinnerungen an einen gewissen Zauberschüler aus Großbritannien wach werden. Und wenn Sie schon mal da sind: statten Sie unbedingt auch der Lebensmittelabteilung einen Besuch ab! Hier gibt es nämlich die echten irischen Klassiker, die Ihnen in Souvenirshops sonst für das Doppelte des Preises angeboten werden: Shortbread, echten, irischen Tee und so weiter.

Eine weitere gute Möglichkeit, in die Lebensrealität der Dubliner einzutauchen ist ein Besuch im Liffey Valley Shopping Centre etwas außerhalb von Dublin. Vom Stadtkern aus ist diese Mall mit dem Bus in knapp 25 Minuten zu erreichen. Hier gibt es ebenfalls eher alltägliche Geschäfte, aber auch dort lohnt sich der Besuch: in Dublin sind die Warenpreise wie in ganz Irland einer starken Schwankung unterworfen, sodass Sie hier häufig wirklich tolle Schnäppchen machen können.

Unterkünfte

E in anstrengender und erlebnisreicher Tag in Bailé Átha Clíath neigt sich dem Ende und alles, wonach Sie sich sehnen, ist ein kuscheliges Bett, in dem Sie von den Wikingern, James Joyc und Feen träumen können. Damit Sie auch hier vor Ihrem Besuch ein wenig Orientierung bekommen, möchte ich Ihnen ein paar Hotels und Hostels empfehlen, die in Sachen Service, Style und Preis nichts vermissen lassen.

Sollten Sie sich etwas gönnen wollen und das Sparen nicht Ihre erste Priorität sein, so soll Ihnen das Temple Bar Hotel auf der Fleet Street mitten im

Herzen von Temple Bar empfohlen sein. Das erst kürzlich renovierte Vier-Sterne-Hotel ist schick, aber trotzdem zwanglos; niemand erwartet, dass Sie permanent in Smoking und Abendkleid auftreten. Die Angestellten waren bei meinem Besuch dort immer äußerst freundlich und geduldig und mein Mitreisender und ich hatten stets das Gefühl, dass Sie sich wirklich um uns kümmern. Die Zimmer sind alle mit WLAN, Fernseher, Wasserkocher, eigenem Bad und allen anderen Annehmlichkeiten ausgestattet, außerdem ist das Hotel barrierefrei zugänglich. Sollten Sie ein Frühstück dazu buchen, erwartet Sie ein „Full Irish Breakfast" (Bitte sagen Sie keinem Iren, es sei das gleiche wie ein British Breakfast – das hört man auf der grünen Insel gar nicht gerne). Ein Zimmer kostet hier mit Frühstück zwischen 150 € und 300 € pro Nacht. Aber bitte wundern Sie sich nicht, wenn es abends und nachts draußen etwas lauter wird, schließlich wohnen Sie hier mitten im Party-Viertel. Es empfiehlt sich deshalb, bei der Buchung nach einem Zimmer in einem höheren Stockwerk zu fragen. Sollte dies einmal nicht möglich sein, versucht das Personal aber auch, Sie in ein ruhigeres Zimmer umzubuchen.

Luxus und edle Lobbys passen aber nicht zu jedem Reisestil und Geldbeutel. Zum Glück gibt es in Dublin auch eine Vielzahl an Hostels, die sich für Backpacker und Abenteurer besonders anbieten. Außerdem sollen in Gemeinschaftsräumen von Hostels schon Freundschaften fürs Leben entstanden sein – so muss sich auch ein Alleinreisender nicht einsam fühlen.

Ein besonderer Hingucker in der Kategorie „Hostel" ist mit Sicherheit das „Gardiner House" auf der gleichnamigen Straße im Stadtteil Mountjoy. Für wirklich kleines Geld (17 € p. P. im Schlafsaal, privates Doppelzimmer 73 €, Stand März 2020) übernachten Sie hier in einer renovierten Kapelle aus der viktorianischen Ära. Das Hostel verfügt neben einem eigenen kleinen Garten mit Grill auch über einen Fahrradverleih und bietet selbstorganisierte, wirklich originelle Touren durch Dublin an. Ein kleines Frühstücksbuffet ist im Preis inbegriffen und sollte Sie nachts einmal der Hunger plagen, ist die eigene kleine Küche rund um die Uhr für Sie geöffnet.

Wenn Sie eher nach einem Hostel noch näher am Stadtkern suchen, soll Ihnen das „Jacob's Inn" empfohlen sein. Dieses Hostel im modernen Design liegt 10 Minuten von allen wichtigen Orten entfernt, die Sie über die letzten Seiten kennengelernt haben: vom Talbot Place sind es zwei Minuten zu Fuß zur Connolly Station, zehn nach Temple Bar und fünf zur O'Connell Street. Zwar hat das „Jacob's Inn" keinen eigenen Garten, dafür aber eine Dachterrasse, von der sich abends herrlich auf die Straßen der irischen Hauptstadt schauen lässt. Preislich liegt eine Übernachtung im Schlafsaal ungefähr bei 20 €, ein Doppelzimmer gibt es ab 100 € pro Nacht. Ähnlich wie im „Gardiner House" haben Sie die Möglichkeit, die Küche zu benutzen, zu waschen und an Touren mit anderen Gästen teilzunehmen.

Praktische Tipps

Jetzt, da Sie hoffentlich alles Wichtige über Bailé Átha Clíath wissen und sicher schon die Koffer packen, will ich Ihnen vor der Abreise noch ein paar Tipps und Hinweise für den Alltag in Dublin geben. Gepflogenheiten der Dubliner, wichtige Telefonnummern und vermeidbare, unangenehme Situationen sollen in diesem Kapitel kurz und knackig behandelt werden.

WAS PACKE ICH EIN?

Wie anfangs bereits beschrieben, ist das Wetter in Dublin eher mild und es kann vorkommen, dass Sie von einem Schauer überrascht werden. Deshalb gilt: definitiv (auch) warme Kleidung und eine regenfeste Jacke oder einen Regenschirm einpacken! Sollten Ihnen eher kühle Wassertemperaturen nichts ausmachen, ist Badebekleidung sicherlich auch keine schlechte Idee, in der Irischen See darf man schwimmen gehen. Bitte beachten Sie dabei nur, dass es nicht so viele Rettungsschwimmer gibt wie an vielleicht bekannteren Badeorten.

Da Irland Mitglied der Europäischen Union und auch der Eurozone ist, müssen Sie nach Ihrer Ankunft keine Wechselstube aufsuchen und sich keine Sorgen um Wechselkurse machen. Auch zum Bankautomaten geht man in Irland eher selten, fast jede Transaktion, auch im Minimarkt oder ähnlichem, ist mit EC- oder Kreditkarte möglich.

WIE SICHER IST DUBLIN?

Insgesamt ist Dublin eine sehr sichere Stadt. Aber wie jede europäische Großstadt hat auch Dublin ein paar weniger freundliche Bewohner: Gerade Taschendiebstähle kommen – besonders in Touristenvierteln wie Temple Bar oder auf der Grafton Street – häufiger vor, allerdings ist die Konzentration der Langfinger hier nicht so hoch wie in Paris oder Rom. Gehen Sie einfach mit Vorsicht und gesundem Menschenverstand durch die Stadt und verstauen Sie Wertgegenstände, Bargeld und Dokumente sicher.

Die „Problemviertel" liegen meist eher außerhalb des Stadtkerns. Nach drei Aufenthalten in Dublin kann ich sagen, dass ich mich an keinem Ort in Dublin wirklich unsicher gefühlt habe. Sollte es doch einmal brenzlig werden, sind die Rettungsdienste, Feuerwehr und Polizei (in Dublin „Garda" genannt) unter den Telefonnummern **112** oder **999** zu erreichen.

VERKEHR IN IRLAND

Sollte es Sie weiter ins Landesinnere Irlands ziehen, ist neben dem „Greyhound Bus" das Auto meist das verlässlichste Gefährt. Dieses können Sie bei den bekannten Anbietern zu ähnlichen Preisen wie in Deutschland mieten. Bevor Sie allerdings zu ihrem Roadtrip aufbrechen, sollen hier noch einmal die wichtigsten Verkehrsregeln in der Republik Irland angeführt sein.

Anders als in Deutschland gelten in Irland sehr strenge Geschwindigkeitsbegrenzungen, an die sich auch gehalten wird. Innerorts dürfen Sie 50 km/h fahren, auf lokalen Straßen („R-Straßen") sind 80 km/h erlaubt. Auf den mit deutschen Bundesstraßen zu vergleichenden N-Straßen sind 100 km/h zulässig, auf Autobahnen 120 km/h. Bitte halten Sie sich daran, der Sicherheit und Ihrem Geldbeutel zuliebe. Pro 10 km/h über dem Tempolimit werden Ihnen in Irland 60 € zusätzlich zu einer festen Geldbuße von 80 € in Rechnung gestellt. (Stand Februar 2020.)

Bei der Parkplatzsuche ist Folgendes zu beachten: Ist um den potentiellen Parkplatz eine doppelte, gelbe Linie gezogen, herrscht hier Halteverbot. Bei einer gelben Linie dürfen Sie dort parken, eine gestrichelte gelbe Linie signalisiert ein zeitabhängiges Parkverbot.

Für jemanden, der Rechtsverkehr gewohnt ist, gilt in Irland trotzdem im Zweifelsfall „Rechts vor Links". Ansonsten sind Vorfahrten meist eindeutig ausgeschildert.

EIN KURZER DUBLIN-KNIGGE

„Andere Länder, andere Sitten", sagt das Sprichwort. Auch wenn Sie auf einer Reise nach Dublin den mitteleuropäischen Kulturkreis nicht wirklich verlassen, gibt es doch die ein oder andere (un)geschriebene lokale Verhaltensregel, auf die an dieser Stelle kurz eingegangen werden soll, um unangenehmen Situationen vorzubeugen.

An oberster Stelle steht: die irische Höflichkeit ist heilig! Dies hat weniger etwas mit Spießigkeit zu tun als damit, dass man in Dublin tatsächlich um ein respektvolles und freundliches Miteinander bemüht ist. Sollten Sie sich also einmal dabei bemerken, wie Sie eine der folgenden Regeln brechen: Entschuldigen Sie sich. Ein einfaches „Sorry" genügt hier meistens völlig.

Für jeden Iren und besonders jeden Dubliner ist eine der größten Beleidigungen, als Brite oder gar als Engländer bezeichnet zu werden. In einem alten Lied aus Zeiten der Revolution heißt es: *„We're not, saxon, we're not british, we're not english! We're irish and bloody proud to be!"* – *(„Wir sind keine Sachsen, keine Briten, keine Engländer! Wir sind Iren und ver-dammt stolz darauf!")*

Diese Zeile hat auch über hundert Jahre nach der Unabhängigkeit von Großbritannien nichts an Gül-tigkeit verloren. Genauso sollten diskriminierende Vorurteile gegenüber den Iren vermieden werden: nicht alle Iren haben rote Haare, sind ständig betrun-ken oder sind „Bauerntrottel" – aber diese Regel sollte eigentlich selbstverständlich sein. Sollten Sie sich mit einem Iren in ein Gespräch über die politi-sche Geschichte des Landes wiederfinden, bleiben Sie zurückhaltend, aber scheuen Sie sich nicht, höfli-che Fragen zu stellen. Man wird Ihnen gerne alles be-antworten und sich freuen, dass sich ein Fremder für Irland interessiert. Viele Iren haben auch ein Inte-resse an der Geschichte anderer Länder. Ich habe bei meinem letzten Besuch festgestellt, dass besonders

Familiengeschichte immer ein gutes Gesprächsthema ist. So habe ich im Gespräch mit meiner Gastgeberin in einer Ferienwohnung festgestellt, dass es zwischen meiner und ihrer Familiengeschichte einige Gemeinsamkeiten gab.

Sollten Sie abends mit Ihren Mitreisenden im Pub sitzen, bestellen Sie definitiv ein Getränk. Auch, wenn es nur eine Limonade oder ein Leichtbier ist: sollten Sie nichts trinken, kann das als Missachtung der Gastfreundschaft gewertet werden. Außerdem ist es in vielen Pubs üblich, auch fremden Pub-Gästen zuzuprosten. Auf Englisch tun Sie dies mit einem „Cheers", auf Gälisch mit „Slainté!" (sprich: „Slaohntscha") Beobachten Sie einfach die anderen Gäste und tun Sie das, was die Locals tun. Eine weitere Pub-Tradition ist das wortwörtliche „Einläuten" der letzten Runde: sollten Sie zu später Stunde noch einen Absacker zu sich nehmen wollen und hören ein Bimmeln, nutzen Sie die Chance! Danach hat der Zapfhahn Nachtruhe.

In ganz Irland herrscht in Lokalen und öffentlichen Gebäuden – wie in Deutschland auch – ein strenges Rauchverbot. Allerdings ist diese Maßnahme zugunsten des Nichtraucherschutzes auch auf öffentliche Plätze und Parks ausgeweitet. Hier gibt es meist ausgewiesene Raucherbereiche. Bei Verstoß droht ein Bußgeld in Höhe von maximal 3000 € (Stand März 2020). Ebenfalls verboten ist das Rauchen im eigenen Auto, wenn ein Kind unter 18 Jahren an Bord ist. Überhaupt nicht gut macht sich auch das lockere Wegschnipsen eines Kippenstummels, werfen Sie diese bitte immer in einen Mülleimer oder Aschenbecher.

Körperkontakte, auch Handschläge, sind bei der ersten Begegnung eher unüblich. Ersatz hierfür ist meistens ein freundliches „Hi!", vielleicht gepaart mit einem erhobenen Zeigefinger.

Kennt man sich etwas besser, bevorzugen die Iren einen festen Händedruck, dieser ist ein Zeichen für Lebenslust und Freude über das Treffen. Umarmungen sind wirklich engen Freunden und der Familie vorbehalten – außer, der Lieblingssportverein hat gerade einen spektakulären Punktgewinn vollbracht.

Als gute Faustregel gilt: seien Sie zu den Einheimischen genau so freundlich, wie diese zu Ihnen sind. Die Dubliner sind wirklich aufgeschlossen und stets hilfsbereit; in jedem Fremden sehen sie nach einem alten Sprichwort einen Freund, den man noch nicht kennt.

KOMMUNIKATION

Erste Amtssprache in Irland ist per Gesetz Gälisch, das von den Iren aber nur „Irish" genannt wird, um es von den ebenfalls gälischen Landessprachen von Schottland und Wales unterscheiden zu können. Allerdings wird irisches Gälisch im Alltag nur noch im Westen der grünen Insel gesprochen, im Rest des Landes werden Sie mit dieser sehr außergewöhnlichen Sprache nur auf offiziellen Schildern und Dokumenten konfrontiert. Verkehrssprache ist Englisch, wenn auch stark von einer Vielzahl lokaltypischer Akzente gefärbt. Sollte der doch etwas gewöhnungsbedürftige Dubliner Akzent einmal schwer verständlich sein, können Sie mit einem „Pardon?" immer um eine touristenfreundliche Wiederholung des Gesagten bitten. Die Dubliner wissen, wie sie sprechen, und scherzen gerne selber über ihre Mundart.

Neben Klang und Aussprache unterscheidet sich irisches Englisch auch durch ein paar Slang-Begriffe. Die geläufigsten will ich für Sie hier kurz aufschlüsseln. Eine kurze Inhaltswarnung: einige dieser Phrasen mögen etwas vulgär wirken. Das hat weniger etwas mit Unhöflichkeit als mit der direkten Natur der Dubliner zu tun.

Dublin Slang	Deutsche Bedeutung	Beispiel
„Bang on"	Absolut richtig	„You were bang on with that!"
"Banjaxed"	kaputt	"Well, my car's gone banjaxed again."
"Black stuff"	Guinness	"Another pint o' black stuff please, if you don't mind!"
"brutal"	schrecklich, heftig	"Oi, that was a brutal foul right there!"
"Delira and excira"	Froh, glücklich, aufgeregt	"Getting married to Abigail? Well, I'm delira and excira for you!"

"Fair play!"	Gut gemacht!	"That was fair play on the pitch there, mate!"
"Eff off!/Feck off!"	Etwas unhöflichere Form von "Hau ab!"	„Just eff off, will you?"
"Fella"	Freund, Kerl, Partner. Auch als Ansprache geläufig	„Hey fella, you alright?" „Are you going to bring your fella?
"Fluthered"	sehr betrunken	„Hey fella, better go home, ey? You're completely fluthered."
"Grand"	großartig	"I'll be there in 10 minutes." "Grand."
"Howya!" (auch als Frage)	Hey! Wie geht's?	"Howya! Let's get some lunch!"

"knackered"	müde	"I just came back from work, I'm completely knackered."
"The Pale"	Dublin und Umgebung	"First time in the Pale, fella?"
"Trinners"	Trinity College	"He got his doctor's degree at the Trinners, right?"

RECHTLICHES[1]

Auch im Urlaub kann es passieren, dass rechtliche Fragen auftreten. Um die wichtigsten dieser Fragen schon vor Ihrer Abreise zu klären, sind hier ein paar Antworten für Sie zusammengestellt.

Weil die Republik Irland zur Europäischen Union gehört, müssen Sie nicht zwingend Ihren Reisepass mitnehmen, ein gültiger Personalausweis

---

[1] Hier sei angemerkt, dass ich weder Jurist bin oder mich besonders gut mit dem irischen Recht auskenne; ich habe lediglich die Informationen aufgelistet, die Sie auch aus offiziellen Quellen erhalten können. Dementsprechend sind alle Angaben ohne Gewähr.

reicht vollkommen aus. Sollten Sie ein Auto mieten wollen, gehen Sie sicher, dass Sie einen internationalen Führerschein haben – manch einer musste seinen Roadtrip wegen eines alten, nationalen Führerscheins schon absagen.

Bei der Einreise in die Republik Irland erwarten Sie nach den Schengen-Regelungen keine Grenzkontrollen. Als EU-Bürger müssen Sie kein Visum beantragen und dürfen unbegrenzt lange in Irland bleiben. Sogar arbeiten dürfen Sie ohne Arbeitserlaubnis, ein paar Gänge zu den entsprechenden Behörden sind dennoch unumgänglich. Allerdings hält sich der Papierkram im Vergleich zu Deutschland eher in Grenzen.

Waren, die Sie aus anderen EU-Ländern zum eigenen Verbrauch nach Irland mitbringen, müssen Sie nicht verzollen, wenn die Verzollung bereits in dem Land stattgefunden hat, in dem Sie das Produkt gekauft haben. Die Obergrenzen für steuerfreie Einfuhr sind wie folgt:

- 800 Zigaretten
- 400 Zigarillos
- 200 Zigarren mit einem Gewicht bis 3g

- 1000g Rauchtabak
- 10 Liter Spirituosen
- 90 Liter Wein, höchstens 60 Liter davon Schaumwein
- 110 Liter Bier
  (Stand März 2020)

Sollten Sie Hilfe von der deutschen Botschaft benötigen, finden Sie diese auf der 31 Trimleston Avenue in Dublin. Telefonisch ist die Botschaft sowie deren Konsularabteilung montags bis donnerstags von 8-17 Uhr und freitags von 8-14 Uhr unter 00353 (0)1 2776 100 erreichbar. Hier gelten die Öffnungszeiten und Feiertage nach irischem Gesetz. Im absoluten Notfall ist die Botschaft außerhalb der Öffnungszeiten unter 087 22 11 382 telefonisch für Sie da.

Für die Einstimmung

Wir sind jetzt fast am Ende dieses Reiseführers angekommen. Sie wissen jetzt, wo Sie in Dublin gut und budgetfreundlich essen und übernachten können, welche kulturellen Angebote Dublin zu bieten hat und wo Sie das perfekte Souvenir kaufen können. Sie haben erfahren, welche Rolle die Kelten und Wikinger in Dublins Geschichte gespielt haben, was am Ostersonntag des Jahres 1916 im und um das Postamt herum geschehen ist und wo ein paar der bekanntesten Kinder der

Stadt ihre Zeit verbracht haben. Sie kennen Spaziergänge in und um den Stadtkern, können die öffentlichen Verkehrsmittel wie ein Profi benutzen und auf Irisch ihren neu gefundenen Thekenfreunden im Pub zuprosten.

Jetzt, wo Sie ihren Urlaub vielleicht sogar schon gebucht haben und nur noch auf den Abreisetag warten, will ich Ihnen zum Schluss noch ein paar Musik-, Buch- und Filmtipps geben, mit denen sich die Wartezeit gut verbringen und die Vorfreude anwachsen lässt.

James Joyce – „Dubliners"

Einen der wohl bekanntesten irischen Schriftsteller verband mit seiner Heimat sein Leben lang eine Hassliebe. 1904 kam er aus Paris zurück nach Dublin, um seine Mutter zu beerdigen – im Gepäck hatte er das, was später sein berühmter Zyklus aus 15 Kurzgeschichten werden sollte. Die Geschichten behandeln alltägliche Situationen des Dubliner Kleinbürgertums – von der ersten Liebe über Pferderennen zu kleinen Angestellten, die ihren Chef um seinen Posten bringen – alles wird mit besonderem Augenmerk auf die Gefühle der Figuren erzählt. Obwohl die Sprache zu Joyces Zeit eine andere war, lassen sich die „Dubliners" sowohl auf Deutsch als auch im englischen Original gut lesen und die literarische Größe des James Joyce wirklich genießen.

Tim Pat Coogan: - „1916- The Easter Rising"

Für Geschichtsinteressierte ist dieses Buch genau die richtige Lektüre vor oder auch während der Dublin-Reise. Coogan schildert in diesem Bestseller die Geschehnisse der Ostertage im Jahr 1916 und legt dabei ein besonderes Augenmerk auf die verschiedenen Charaktere, die eine Rolle bei den Aufständen spielten. Der viel diskutierte Autor beschreibt hierbei auch die Umstände, die zum Aufstand führten, und geht dafür weit zurück in Irlands Vergangenheit, ohne das eigentliche Thema aus den Augen zu verlieren. Wer sich für andere Episoden der irischen Geschichte interessiert, sollte vielleicht zu „The IRA" oder „The Famine Plot: England's Role in Ireland's Greatest Tragedy" greifen.

„Mrs. Brown's Boys"

„Mrs. Brown's Boys" ist die vielleicht beste Sitcom, die jemals produziert wurde. In dieser live aufgezeichneten und halb improvisierten BBC-Produktion schlüpft der irische Comedian Brandan

O'Carroll in die Rolle der Hausfrau und Matriarchin Agnes Brown, die ihre Familie zwar hart im Griff hat, aber trotzdem liebt und sich um sie kümmert. Zugegeben, der Humor mag etwas flach sein, aber die Einschaltquoten in Irland zeigen, dass die Iren dieses Stück Comedy doch irgendwie lieben. Außerdem eignet sich diese Sendung perfekt dazu, um die Ohren schon einmal auf den irischen Akzent einzustimmen: bei den ersten drei Folgen, die ich gesehen habe, wäre ich ohne Untertitel verloren gewesen, danach gewöhnt man sich daran. Aber keine Angst: Wie immer im Fernsehen wird hier natürlich übertrieben, mir ist noch nie ein Dubliner begegnet, der so klingt wie Mrs. Brown.

Planxty – „The Planxty Collection"
Dieses Urgestein der britischen Volksmusik habe ich auf einer vorherigen Seite ja schon einmal kurz erwähnt, hier möchte ich aber noch einmal eine besondere Empfehlung aussprechen. Das Quintett um Sänger Christy Moore brachte in den 70er und 80er Jahren die Folkmusik zurück zu einem hippen Status – und das, ohne dabei irgendwie musikalisch ironisch oder zurückgeblieben zu sein. Man merkt beim Hören wirklich, dass die Musiker lieben, was sie tun.

Besonders gefällt mir die Mischung aus traditionellen irischen Instrumenten und modernem Sound, kein Lied klingt, als könnte es in einem Souvenirladen laufen. Die Texte reichen von fröhlich und ausgelassen („The Jolly Beggar Reel") bis zu sehr melancholisch und sensibel („As I Roved Out"), auch instrumentale Stücke sind dabei. Immer, wenn mich die Sehnsucht nach Irland packt, höre ich dieses Album und es geht mir gleich ein klein wenig besser.

The Corrs – „Forgiven, not forgotten"

Eher poppig unterwegs ist das aus Geschwistern bestehende Quartett „The Corrs". Die Band aus Dundalk im Nordosten Irlands dreht die Rezeptur von Planxty um 180 Grad: Moderne Songs mit der starken, leicht melancholischen Stimme der Leadsängerin Andrea Corr sind in Zwischenteilen gespickt mit traditionellen Fiddle- oder Flötensolos. Auch die irische Trommel, die Bódhran, kommt in fast jedem Song zum Einsatz. Die Anfänge der Band sind fest mit irischer Kultur verbunden: Während die beiden Schwestern Andrea und Caroline noch zur Schule gingen, sammelten die älteren Brüder Sharon und Jim erste musikalische Erfahrungen im Pub ihrer Tante.

Ein paar Worte zum Abschluss

Erst einmal möchte ich mich ganz herzlich bedanken, dass Sie diesen Reiseführer gelesen haben. Ich hoffe, dass Sie ein wenig Inspiration für Ihren nächsten Urlaub in Bailé Átha Clíath sammeln konnten und Ihnen das Lesen ein auch ein bisschen Spaß gemacht hat. Eine letzte Warnung aber, bevor Sie Ihre Segel setzen und Kurs zur grünen Insel einschlagen: Wenn Sie einmal da waren, lässt Dublin Sie nicht mehr los.

Das morgendliche Treiben in Temple Bar, die Straßenmusiker auf der Grafton Street, Lunch unter Locals im Park und das Erlebnis, wenn abends nach der letzten Runde das traditionelle Lied „The Parting Glass" aus voller Seele geschmettert wird, sind unvergleichlich und lassen sich nirgendwo anders finden. Für mich jedenfalls nicht.

Die freundliche und großherzige Art der Bewohner dieser Stadt zwischen tragischer Geschichte, Freiheitskampf und Gelassenheit ist eine Tugend, von der wir uns in unserem eher anonymen, sterilen Alltag definitiv etwas abschauen können.

Schließen möchte ich, wie es in Irland seit mindestens zwei Jahrtausenden üblich ist, mit einem guten Wunsch für Ihre Reise:

"Go n-éirí an bóthar leat
Go raibh an ghaoth go brách ag do chúl
Go lonraí an ghrian go te ar d'aghaidh
Go dtite an bháisteach go mín ar do pháirceanna
Agus go mbuailimid le chéile arís,
Go gcoinní Dia i mbos A láimhe thú."

"Möge dir dein Weg entgegenkommen,
und der Wind dir immer im Rücken wehen.
Möge der Sonnenschein dein Gesicht wärmen,
und der Regen sanft auf deine Felder fallen.
Und bis wir uns wiedersehen,
möge Gott dich fest in seiner Hand halten.

Herstellung und Verlag:

BoD – Books on Demand, Norderstedt

ISBN: 9783750498709

Kontakt: Psiana eCom UG/ Berumer Str. 44/ 26844 Jemgum

Covergestaltung: Fenna Larsson

Coverfoto: depositphotos.com